ESSAIS DE MUSICOLOGIE COMPARÉE

Esquisse d'une Bibliographie

de la

Chanson Populaire

en Europe

PAR

Pierre AUBRY

Archiviste paléographe

PARIS

ALPHONSE PICARD & FILS, ÉDITEURS

82, rue Bonaparte, 82

—

1905

A FELIPE PEDRELL,

RESPECTUEUX HOMMAGE.

P. A

AVANT-PROPOS

Nous avons fait ce travail de bibliographie musicale dans la pensée qu'il dépasserait le cercle quelque peu restreint des érudits qui s'intéressent aux études musicologiques, pour aller jusqu'aux musiciens eux-mêmes, aux compositeurs de musique surtout.

On sait la place que les thèmes populaires tiennent dans mainte œuvre nouvelle. Sans faire ici une revue des écoles contemporaines, qui d'Espagne nous entraînerait jusqu'en Russie, sans développer à nouveau les doctrines familières des maîtres qui ont fait une place à l'inspiration populaire dans leurs compositions, — Felipe Pedrell, Vincent d'Indy, Grieg, Balakirev, Rimski-Korsakov et tant d'autres, — constatons simplement l'intérêt d'une esthétique qui cherche ses raisons d'être dans l'âme même des peuples et qui sait en extraire un peu de ce que les siècles passés y ont accumulé de richesses. Dans les recueils dont nous donnons ci-après la nomenclature, le compositeur trouvera les éléments d'un coloris sincère, l'écho fidèle de la langue musicale, qui est vraiment celle du peuple, où se passe l'action de l'œuvre qu'il écrit, drame lyrique ou symphonie. Il s'est rencontré déjà un musicien de génie pour le comprendre et pour le dire, c'est Robert Schumann. « Écoutez avec attention les chansons nationales, c'est une mine inépuisable, où l'on trouve les plus belles mélodies, qui vous donnent une idée du caractère des différents peuples. » (Conseils aux jeunes musiciens, *trad. par Fr. Liszt.*)

Disons tout de suite que, sans donner absolument à notre travail le caractère d'une bibliographie critique, nous avons cherché à nous en rapprocher en éliminant un certain nombre de recueils anciens, qui sont assez difficiles à trouver en librairie, et que, d'autre part, des publications nouvelles remplacent sans désavantage. En outre, nous avons pris la liberté de joindre à divers recueils des notes critiques, qui nous sont personnelles.

Nous devons à MM. Lambertini, Johannès Wolf, Liborio Sacchetti, Ilmari Krohn, Karl Valentin, Malm, Kiriak et A. Moffat, de précieux renseignements dans leur compétence spéciale de bibliographes et de musiciens. M. Kont nous a permis de faire appel à sa connaissance de la littérature et du folk-lore hongrois : nous eussions été sans lui très dépourvu.

Malgré tout, cette bibliographie n'est encore qu'une esquisse : nous la reprendrons quelque jour pour en élargir les bases et fouiller plus profondément les détails.

P. A.

Esquisse d'une Bibliographie

de la

Chanson populaire en Europe

Le titre même d'*esquisse*, appliqué à ces quelques recherches sur la bibliographie de la chanson populaire en Europe, est encore trop vaste, car nous n'avons tenu compte que des livres proprement dits et nous n'avons pas fait entrer en ligne des articles très intéressants de périodiques, — journaux de voyages comme le *Tour du Monde*, revues de folk-lore, telle la *Revue des Traditions populaires*, publications de caractère musicologique, par exemple les *Sammelbände der Internationalen Musikgesellschaft*, — dans lesquels le chercheur pourra trouver souvent de précieux exemples notés de mélodies populaires.

Prévenons encore le lecteur d'une seconde restriction, que nous avons apportée dans le choix des matériaux de cet article. Nous n'avons admis que les recueils de textes, et non les études qui ont été faites sur la question. Il y a dans les diverses littératures des travaux critiques fort intéressants concernant l'art musical populaire : nous ne les mentionnons point ici.

Bref, notre but est de donner l'indication bibliographique des principaux recueils de chansons populaires en Europe, en laissant de côté la France, pour laquelle semblable travail vient d'être fait par M. Tiersot (1).

Pourquoi cette limitation ? Parce que, croyons-nous, la chanson populaire présente dans les pays d'Europe, sauf peut-être en quelques contrées éloignées à l'est du continent, ce caractère distinctif, qu'elle ne revêt nulle part ailleurs, de ne pas constituer à elle seule toute la civilisation musicale. Il y a, dans les pays que nous allons énumérer, coexistence d'une musique populaire et d'une musique développée dans un sens technique : c'est à ce point de vue que nous avons dessein de restreindre nos investigations bibliographiques. Une telle remarque, banale en soi, est précieuse pourtant, car elle nous permet de répondre à une difficulté assez grave : certains critiques ont poussé le dilettantisme dans l'argumentation jusqu'à nier l'existence réelle de la chanson populaire, faute d'en trouver une définition, qui la distingue avec quelque netteté de la musique, telle que le grand public et les artistes la conçoivent. Alors nous répondrons en objectant que les chants populaires se retrouvent avec les mêmes caractères chez des

(1) *Revue Musicale*, nº du 15 décembre 1904.

peuples, tels les Orientaux, qui n'ont à aucun degré le sentiment de la musique écrite selon les règles de l'art. L'origine artistique de la chanson populaire nous semble encore douteuse chez les peuples attardés aux premières étapes de la civilisation. Est-elle mieux assurée chez les nations policées de l'Occident ? Nous ne le croyons point. Sa réalité est donc possible, et aucun scrupule ne nous arrête pour parler de la chanson populaire en Europe.

Mais une autre difficulté surgit au seuil de cette étude. Sur quelles bases classer nos documents ?

La classification qui, la première, se présente à l'esprit, consisterait à ranger nos recueils en conformité avec les divisions de la géographie politique : ainsi on aurait les chants populaires de l'Angleterre, de l'Allemagne, de la Russie, etc. Mais il semble qu'il y aurait quelque brutalité à procéder de la sorte : peut-on, sans avertir le lecteur, ranger sous une même rubrique les chants du pays de Galles et ceux de l'Écosse ? La Corse, qui est à bien des points de vue une île italienne, est depuis plus d'un siècle politiquement française. Classerons-nous à l'Allemagne, à la Russie ou à l'Autriche, un recueil de chansons polonaises ? Voilà bien des difficultés pour adopter une classification qui aurait comme base les divisions politiques du continent. Cette solution serait commode, mais peu scientifique.

Prendrons-nous comme point de départ la distinction des races humaines ? C'est un mot bien gros, et nous ne croyons point que la chanson populaire réponde aux groupements entre lesquels les anthropologistes partagent l'humanité.

Quand il s'agit de classer les races, on a en vue les caractères somatiques des individus, et par là il faut entendre la couleur de la peau, la nature des cheveux, la taille, la forme de la tête et du nez : la race est une chose toute physique ; la civilisation, dont la musique est une manifestation, dépend, comme la langue, d'événements historiques Il n'est point nécessaire qu'il y ait coïncidence entre le domaine d'une race et celui de la langue qu'elle parle, de la civilisation qu'elle a produite. Ainsi les Gaulois ont reçu une civilisation toute romaine après la conquête ; ainsi, à une époque plus proche de nous, l'influence turque a recouvert en Asie Mineure le génie grec, kurde ou arménien. Et puis, l'accord est loin de régner entre les savants, non seulement en ce qui concerne le nombre de ces groupements humains, mais encore en ce qui concerne la nature même de ces groupements. En effet, il est bien rare dans la réalité, a remarqué M. Deniker (1), de tomber sur un individu représentant le type de l'unité somatologique à laquelle il appartient, et ordinairement, plus les peuples sont civilisés, plus ils sont mélangés entre eux dans certaines limites territoriales. Il ne semble point que les distinctions de l'anthropologie répondent à celles de la musicologie comparée : il nous faut donc trouver un autre critérium.

Nous croyons qu'il y a des affinités plus grandes entre la langue parlée et la langue chantée. C'est une grave affirmation, qu'il n'entre point dans notre esprit de développer ici.

Après avoir remarqué que toutes deux sont autant de manifestations de la vie psychique des peuples, contentons-nous d'accepter comme un cadre commode de classement les résultats reçus en grammaire comparée. Nous diviserons les chants populaires sur les données de cette science : il y a des coïncidences frappantes qui recevront ainsi une explication rationnelle.

Une telle classification sera d'abord exacte pour la poésie des mélodies populaires ; nous pensons qu'elle ne le sera pas moins pour la musique elle-même.

(1) DENIKER (J.), *Les races et les peuples de la terre* Paris, 1900.

Il conviendra donc de distinguer en première ligne les chansons populaires grecques, néo-latines, celtiques, germaniques, slaves et arméniennes. Chacune de ces rubriques aura ses subdivisions. A la suite, nous indiquerons, comme complément, un certain nombre de recueils qui, bien que ne rentrant pas dans les limites indo-européennes, ont trop d'intérêt pour n'être point cités.

Enfin, nous répétons que nous ne présentons ici que les grandes lignes d'une bibliographie générale de la question : c'est un cadre qui reste indéfiniment ouvert.

I. — Chansons populaires grecques.

Si les dialectes néo-grecs ont de nos jours dans le bassin méditerranéen une extension moindre que dans l'antiquité, il n'en est pas moins vrai qu'on parle grec sur la côte orientale de la Corse, à Kargèse, qu'on parle grec dans les villes d'Asie Mineure, à Constantinople même, comme dans le royaume de Grèce, dans ses îles et dans les provinces du nord.

Nous citerons comme recueils principaux :

Sigala (Antonios). — *Συλλογή ἐθνικῶν ᾀσμάτων περιέχουσα τετρακόσια ᾄσματα τονισθέντα ὑπὸ τοῦ ἐκ Θήρας μουσικοδιδασκάλου Ἀντωνίου Ν. Σιγάλα.* Athènes, 1880, in-8.

Recueil de chants nationaux, contenant 400 mélodies notées par Antoine Sigala professeur de musique à Thira

Les melodies sont notées avec les caractères de la musique liturgique, par suite peu accessibles aux Occidentaux.

Nous ajouterons que dans cet important recueil *chant national* n'est pas toujours synonyme de *chant populaire.*

Matza (Périclès). — *80 mélodies populaires grecques pour chant, avec accompagnement de piano.* Constantinople, 1883.

Bourgault-Ducoudray. — *Trente mélodies populaires de Grece et d'Orient.* Paris, Lemoine, 3e éd , 1897.

Recueil tresconnu et excellent. Les Grecs eux-mêmes le tiennent en haute estime.

Pernot (H.) et Le Flem (P.). — *Mélodies populaires grecques de l'île de Chio* Paris, Leroux, 1903, in-8.

Extrait des *Nouvelles Archives des missions scientifiques et littéraires,* t. XI. Les mélodies ont été recueillies au phonographe. Tres interessant.

Pachtikos (G. D.). — *260 mélodies populaires grecques recueillies de la bouche du peuple.* Athènes. 1905, in-8°.

II — Chansons populaires néo-latines.

Le latin, qui fut la langue officielle de tout l'empire romain, s'est continué à l'époque romane, vers le IXe siècle, en une série de langues absolument indépendantes les unes des autres : l'italien, l'espagnol, le portugais, le français, le provençal, le latin, le roumain.

Chacune de ces langues a eu son développement populaire. Nous en avons les manifestations dans les recueils suivants:

A. — FRANCE.

Les chants populaires des provinces françaises ont été étudiés au point de vue bibliographique dans un article de la *Revue musicale* auquel nous faisons plus haut allusion. Nous n'en parlerons que pour citer à nouveau un recueil de chansons françaises hors de France, au Canada.

GAGNON (ERNEST). — *Chansons populaires du Canada.* Québec, 1894, in-8.

Les pieces de ce recueil sont pour la plupart de vieilles chansons françaises conservées, dans notre ancienne colonie, depuis le XVIIe et le XVIIIe siecle.

La Suisse française doit être rattachée à la France au point de vue qui nous occupe. Nous citerons donc :

Chants populaires de la Suisse romande pour voix mixtes, publiés sous les auspices des Sociétés de Belles-Lettres des cantons de Neufchâtel, Vaud et Genève. Genève, 1887, in-16.

Médiocrement populaire, au sens que nous attachons à ce mot.

B. — ITALIE.

Les différences entre les diverses provinces de la péninsule sont assez accentuées pour que nous ayons un grand nombre de recueils distincts, très inégaux toutefois comme valeur et comme importance. D'une façon générale, les publications de la maison Ricordi sont d'un abord et d'un emploi faciles, autant qu'elles donnent une impression exacte de l'inspiration populaire italienne. Au point de vue musical, il faut retenir les recueils suivants, groupés par ordre de provinces :

LEVI (EUGENIA). — *Fiorita di canti tradizionali del popolo italiano... con cinquanta melodie popolari tradizionali* Firenze, 1895, in-16.

Recueil de seconde main, mais bien fait et intéressant l'ensemble de la péninsule.

NIGRA (COSTANTINO). — *Canti popolari del Piemonte.* Torino, 1888.

Le point de vue musical passe au second plan dans cet admirable recueil consacré au folklore piemontais.

GIALDINI (G.) et RICORDI (G.). — *50 canti popolari lombardi.* Milano, Ricordi, s. d.

Bon nombre de pièces ne sont pas populaires.

BORTOLINI (G.). — *Venezia. Canti nazionali della Laguna.* Milano, Ricordi, s. d.

BORTOLINI (G.). — *Raccolta di sei Canti popolari veneziani.* Milano, Ricordi, s. d.

Ces fascicules contiennent des mélodies vénitiennes transcrites pour piano seul.

BORTOLINI (G.). — *Raccolta di dodici Canzonette popolari veneziane.* Milan, Ricordi, s. d.

Les pieces de ce recueil sont transcrites pour chant et piano.

PARGOLESI (CORONATO). — *Canti popolari trentini.* Trento, Zippel, 1892.

ALVERA (ANDREA). — *Canti popolari vicentini colla loro musica originaria.* Vicenza, 1844.

Rovigno et Ide (Antonio). — *Canti popolari istriani.* Rome, Loescher, 1877.

Pargolesi (Coronato). — *Eco del Friuli. 50 villote friulane.* Trieste.

Gordigiani (L.). — *Canti popolari toscani.* Milano, Ricordi, s. d., 2 vol.

Les pièces ne sont pas populaires d'origine, mais beaucoup le sont devenues après leur publication, tant elles sont proches du sentiment populaire.

Pergoli. — *Canti popolari romagnoli d'all' appendice musicale del maestro Pedrelli.* Forli, 1894.

Marchetti (F.). — *Canti popolari romaneschi.* Milano, Ricordi, s. d.

Tosti (Paolo). — *Canti popolari abruzzesi.* Milano, Ricordi, s. d.

Meglio (Vincenzo di) — *150 celebri canzoni popolari napolitane.* Milano, Ricordi, s. d., 3 vol.

Pitrè (G.). — *Canti popolari siciliani.* Palermo, 1891. 2 vol

Avolio (Corrado). — *Canti popolari di Noto.* Noto, 1875.

Chants siciliens.

Frontini (Paolo). — *Cinquanta canti popolari siciliani.* Milano, Ricordi, s. d.

Quelques pièces curieuses.

Fee (L.-A.). — *Chants populaires de la Corse.* Paris, 1850.

Quatre mélodies, *vocero, lamento, serenata, nanna,* à la fin du volume.

Ortoli (Frédéric). — *Les voceri de l'île de Corse.* Paris, 1887.

Trois airs notés, dont deux par M. Julien Tiersot.

C. — ESPAGNE.

Jusqu'à ces dernières années, les érudits ont négligé ce pays, pourtant si riche en chansons populaires, et les mauvaises productions, que l'exportation a répandues un peu partout, ont accrédité cette opinion ridicule, qui identifie trop volontiers le génie de l'Espagne avec la musique des séguedilles et des boléros. Un savant musicologue, M. Felipe Pedrell, possède en manuscrit une collection superbe de chansons populaires espagnoles. Souhaitons qu'il la publie bientôt !

Nous ne citons pas les innombrables recueils de *cantos* ou de *bailes populares*, que nous avons relevés chez les marchands de musique de Séville ou de Madrid. Il suffit de mentionner :

Nuñez Robres (Don Lazaro). — *Coleccion de Cantos españoles recogidos, ordenados y arreglados para piano.* Madrid, N. Toledo, s. d.

Fouquier (Achille). — *Chants populaires espagnols. Quatrains et séguedilles avec acc. de piano.* Paris, 1882, gr. in-8.

Marin (Francisco-Rodriguez). — *Cantos populares Españoles.* Séville, 1883, 5 vol. in-8.

Le dernier volume contient en appendice 45 mélodies notées.

Bertran y Bros (Pau). — *Cansons y follies populars recullidas al peu de Montserrat.* Barcelone, 1885, in-8.

Les *follies,* qui dans ce volume suivent les *cansons,* sont les représentants de cette poésie de quatrains, si répandue en Espagne. Ajoutons que ce recueil est proprement catalan.

Coleccion de Cantos y Bailes populares de Andalucia. Séville, Lerate, s. d. in-fol.

Recueil factice. — Très médiocre et peu populaire.

Hernandez (Isidoro). — *Flores de España. Cantos y aires populares.* Madrid, Dotesio, s. d.

Médiocre.

Inzenga (J.). — *Cantos y bailes populares de España.* Madrid, Dotesio, s. d. 3 vol. in-4.

Galice, Murcie, Valence.

Calleja (Rafael). — *Cantos de la Montaña.* Madrid, 1901.

Collection de chansons populaires de la province de Santander.
Les pièces, convenablement transcrites, sont notées avec accompagnement de piano.

Olmeda (F.). — *Cancionero popular de Burgos.* Séville, 1903.

Excellent recueil de chansons populaires castillanes, notées avec une grande intelligence du sujet.

On peut regretter que les mélodies des *Cantos flamencos,* chants de trois ou quatre vers composés dans le dialecte andalou des *gitanos*, n'aient point été réunies en recueil. Pourtant, — qu'on nous permette cette dérogation au plan que nous nous sommes tracé, — dans l'éblouissante collection de

Rouanet (Jules) et Yafil (Edmond-Nathan). — *Répertoire de musique arabe et maure.* Alger. En cours de publication, 1905, in-fol.,

on trouvera certains morceaux appartenant au genre élevé de la musique arabe, appelé aujourd'hui encore *musique andalouse* ou *musique de Grenade* et qui, depuis le temps des Khalifes de Cordoue, a laissé sur l'art populaire andalou une impression profonde.

D. — PORTUGAL.

La bibliographie du folk-lore musical en Portugal est loin d'atteindre à la richesse de la matière. Des érudits, comme Pinto de Carvalho, comme Alberto Pimentel, ont écrit l'histoire du *fado,* forme populaire très usitée dans le sud du Portugal ; M. A. Lambertini est l'auteur d'une brochure qui a paru en français sur cette même question, *Chansons et Instruments* ; en outre, sous la forme de morceaux détachés, il a été publié un grand nombre de mélodies populaires portugaises, dont le relevé, même approximatif, serait impossible, mais en fait de recueils, il n'y a à citer que les deux ouvrages suivants :

Salvini (G.-R.). — *Cancioneiro musical portuguez.* Lisbonne, David Corrazi, 2e éd., 1884.

Cesar das Neves. — *Cancioneiro de musicas populares.* Lisbonne, édité par l'auteur, 1895, 1896 et 1898, 3 vol.

On peut porter sur ces deux publications un même jugement : à côté des pièces vraiment populaires, on trouve des mélodies d'origine artistique, qui ont pénétré le peuple à une date plus ou moins récente et ont été adoptees par lui Il s'ensuit que le depart entre ce qui est reellement populaire et ce qui ne l'est pas est très délicat à operer. On se servira donc de ces recueils avec beaucoup de prudence, en raison de l'absence de critique qui les rend assez médiocres.

Thomas (Pedro Fernandez). — *Cançoes populares da Beira.* Figueira da Foz, Imprensa lusitana de Augusto Velga, 1896.

Plusieurs de ces chansons, recueillies dans la ville universitaire de Coimbra, sont des chansons d'etudiants ou de clercs bien plus que les chansons du peuple lui-même. Les mélodies paraissent peu anciennes et sont pour la plupart dépourvues d'originalité.

E. — ROUMANIE.

La riche production du folk-lore musical roumain n'a pas toujours trouvé un écho fidèle dans les recueils qui nous sont parvenus. Ils sont assez nombreux, mais la transcription des mélodies est souvent défectueuse au double point de vue des tonalités et des rythmes.

Signalons d'abord quelques recueils de chansons populaires roumaines pour piano seul, sans les paroles.

BERDESCU (ALECSANDRU). — *Melodii române, notées pour piano forte.* Bucarest, 1866-1878. Huit cahiers.

Barbu lăutarul. — [Sept mélodies populaires roumaines transcrites pour piano par Eduard Wachmann]. Bucarest, J. Sandrovits, s. d. — Le titre porte le nom d'un célèbre musicien populaire, un lautar.

WACHMANN (J. A). — *Mélodies roumaines* : 1° *Roumania.* — 2° *Bouquet d'airs valaques.* — 3° *Echos de Valachie.* — 4° *Les bords du Danube.* Vienne, H. F. Müller, s. d.

MIKULI (CHARLES). — *Airs nationaux roumains, ballades, chants de bergers, airs de danse, recueillis et transcrits pour le piano.* Plusieurs cahiers contenant chacun douze mélodies. Léopol, H W. Kallenbach, s. d.

STERN (LÉOPOLD). — *La fée des Carpathes.* Collection de danses roumaines. Plusieurs cahiers. Bucarest, s. d.

Cântece si Doine [Airs et chants de douleur]. Bucarest, Gebauer, s. d.

Nous donnons maintenant l'indication bibliographique des principaux recueils, où ont été à la fois réunies les paroles et la mélodie.

PANN (ANTON). — *Spitalul Amorului* [L'hôpital de l'amour]. Bucarest, 2e éd , 1852.

Comme nous l'avons deja vu à propos du recueil de Sigala, les mélodies sont ici notees avec les caractères de la musique liturgique, c'est a-dire en *psaltique.*

PANN (ANTON). — *Cântece de stea* [Cantiques de noëls]. Bucarest. Plusieurs éditions, 1830, 1848, etc.

Meme observation.

VULPIAN (D.). — *Musica populară. Balade, Colinde, Doine pentru voce si pian culese de D. Vulpian.* Bucarest. Propriété de l'auteur, 3 vol., 1885.

Les melodies sont à tous points de vue tres mal transcrites.

VACARESCO (HÉLÈNE). — *Airs populaires roumains. Chant et piano.* Bucarest, Gebauer, 1900.

IONESCU (NASTASE). — *Colectiune de cântece nationale pentru voce si piano.* Deux cahiers de 24 mélodies. Bucarest, Gebauer, s. d.

MUSICESCU (G.). — *12 Melodii nationale armonizate pentru cor mixt si piano.* Iassy. Propriété de l'auteur, 1889.

WEIGAND (G). — *Die Dialekte der Bukowina und Bessarabiens.* Leipzig, J.-A. Barth, 1904.

Dans le plan de son travail sur les dialectes de la Bukovine et de la Bessarabie, l'auteur a fait rentrer l'etude de la melodie populaire et nous donne un certain nombre de chants roumains, ruthenes, hongrois et petit-russiens, recueillis au phonographe

Kiriac (D.-G.). — *Bibliothèque musicale roumaine : Trois mélodies populaires roumaines pour chant et piano.* Bucarest, 1898-1899.

Kiriac (D.-G.). — *Cοurĭ populare romanesti* [Mélodies populaires roumaines, harmonisées pour chœur à quatre voix mixtes]. Bucarest, 1904-1905.

L'auteur, M. Kiriac, est un excellent musicien, qui a le sentiment et le goût de l'art populaire. C'est de lui qu'on peut attendre quelque jour un recueil definitif des mélodies roumaines.

III. — Chansons populaires dans les dialectes celtiques (1).

Deux groupes de dialectes celtiques sont encore bien vivants et attestés par une floraison populaire.

1° Le breton, dans l'Armorique française, rentre à vrai dire dans la catégorie étudiée par M. Julien Tiersot : bien que formant depuis plus de trois siècles une province française, la Bretagne a conservé jusqu'à nos jours et conservera longtemps encore des caractéristiques assez accusées pour que nous lui fassions une place à cette partie de notre travail.

Villemarqué (Hersart de la). — *Barzaz-Breiz. Chants populaires de la Bretagne.* Paris, 1839.

Bourgault-Ducoudray (L.-A.). — *Trente mélodies populaires de Basse-Bretagne, recueillies et harmonisées.* Paris, 1885

Les accompagnements de piano sont très intéressants et donnent aux thèmes populaires de ce recueil un caractère véritablement artistique. L'adaptation française est de M. François Coppée.

Quellien (N.). — *Chansons et danses des Bretons.* Paris, Maisonneuve, 1889, in-8.

Ropartz (J.-Guy). — *Kanovenno Santel, 12 Cantiques populaires bretons, dialectes de Tréguier et de Léon.* Paris, aux bureaux de la « Schola Cantorum », s d

Guillerm (H). — *Recueil de chants populaires bretons du pays de Cornouailles.* Rennes, 1905, in-12.

Ce recueil, le plus récent de tous, contient vingt-cinq pièces. L'auteur est un celtisant et un musicien averti ; il a fait une œuvre excellente.

Nous avons, bien entendu, laissé de côté les recueils bretons en langue française. On les trouvera à la *Bibliographie* déjà signalée de M. Julien Tiersot.

Mais à notre bibliographie appartiennent les recueils de mélodies galloises, recueillies au pays de Galles, l'ancienne *Cambria*, en Angleterre.

Thomson (George). — *Select Collection of Original Welsh Airs.* London, 1809, 3 vol. in-fol.

Parry (J.). — *Cambrian Harmony.* London, 1810.

Williams (M.-J.). — *Ancient National Airs of Gwent and Morganwg.* Landovery, 1844.

Thomas (J.). — *The Cambrian Minstrel.* Merthyr, 1845, in-4.

Brinley Richards. — *The Songs of Wales.* London, Boosey, 4e éd , 1879.

(1) Il faut remarquer que, dans les recueils anglais, les textes en dialectes, soit en celtique d'Irlande, en gaélique d'Écosse, en cambrien pour le pays de Galles et l'île de Man, sont parfois représentés seulement par une traduction anglaise.

Parry (Joseph). — *Cambrian Minstrelsie.* Edinburgh, 1890, 6 vol. in-4.

Voir plus loin Somerwell, dont le recueil intéresse aussi le pays de Galles.

2° Le gaélique est parlé aujourd'hui dans une partie de l'Irlande, de l'Écosse et dans l'île de Man. On a, comme recueils de mélodies populaires de ces régions :

A. — IRLANDE.

Owenson (S.). — *Twelve Original Hibernian Melodies with English Words imitated and translated from the Works of the Ancient Irish Bards.* London, 1805, in fol.

Moore (Thomas). — *Irish Melodies.* Dublin and London, 1807-1834, in-fol.

Fitzsimons. — *Irish Minstrelsy.* 1814, 2 vol. in-fol.

Thomson (George). — *Select Collection of Irish Airs arranged by Beethoven.* London, 1814-1816, 2 vol. in-fol.

Smith (Robert-Archibald). — *Irish Minstrel, a Selection from the vocal melodies of Ireland.* Edinburgh, 1825, in-4.

Horncastle (F.-W.). — *Music of Ireland.* London, 1844.

Petrie (George). — *The Petrie Collection of the Ancient Music of Ireland.* Dublin, 1855, in-fol.

Hoffmann (F.). — *Ancient Music of Ireland from the Petrie Collection, arranged for the Pianoforte by F. Hoffmann.* Dublin, 1877, in-8.

Joyce (P.-W.). — *A Collection of Songs in the Irish language set to music. Edited for the Society for the preservation of the Irish language by P.-W. Joyce.* Dublin, 1884, in-4.

Petrie (George). — *A complete Collection of Irish Music as annotated by G. Petrie... edited from the original manuscripts by C.-W. Standford,* for the *Irish Literary Society.* Boosey and Co, London, 1902, 2 vol. in-8.

Padraig mac Aodh o Neill. — *Songs of Uladh.* Belfast, 1904.

Grave (Alfred-Perceval). — *The Irish Song Book, with original Irish Airs.* London, Fisher Unwin, 1905.

People's Irish Songs. Words and Music. London, Long, 1905, in-8.

Hatton et Molloy. — *The Songs of Ireland.* London, Boosey, s. d., in-8.

Ce recueil contient aussi les mélodies irlandaises de Moore.

Moffat (A.). — *Minstrelsy of Ireland,* 200 Songs. London, Augener, s. d.

Les publications de A. Moffat nous inspirent une particulière confiance, car l'éditeur est de ceux, trop rares, qui ont cherché et réussi à faire passer l'érudition musicologique dans la pratique de l'art. Nous lui devons déjà une très intéressante collection de sonates de violon, *Sammlung Klassischer Violin-Sonaten berühmter Componisten des 17ten und 18ten Jahrhunderts* (Berlin, Simrock, 1899). Ses publications de folk-lore ne nous plaisent pas moins. Les indications bibliographiques sont très développées. Enfin, les deux volumes, *Minstrelsy of Ireland* et *Minstrelsy of Scotland,* publiés chez Augener, à Londres, sont d'un accès très facile.

B. — ILE DE MAN.

Mona Melodies, a collection of ancient and original airs of the Isle of Man. London, 1820, in-fol.

MOORE (A.-W.). — *Manx Ballads and Music.* Douglas, 1896.

RHYS (J.). — *Celtic Folk-lore : Welsh and Manx,* 2 vol., Oxford, 1901.

GILL (W.-H.). — *Manx National Songs.* London, Boosey and Co.

C. — ECOSSE.

THOMSON (WILLIAM). — *Orpheus Caledonius, or a Collection of scots Songs set to music by W.-J.* London, 1722, 2e éd., 1733, 2 vol. in-8.

JOHNSON (JAMES). — *The Scot's Musical Museum.* Edinburgh, 1787-1803. 6 vol. in-8. Nouvelle édition en 1839.

CAMPBELL (ALEXANDER). — *Albyn's Anthology.* Edinburgh, 1816-1818, 2 vol. in-fol.

THOMSON (GEORGE). — *A Select Collection of Original Scottish Airs for the voice, arranged by Pleyel, Haydn and Beethoven.* Edinburgh, 1793-1841, 6 vol. in-fol.

Voir dans EITNER la bibliographie détaillée des recueils de G Thomson concernant la chanson populaire en Ecosse.

SMITH (R.-A.). — *Scottish Minstrel.* Edinburgh, 1822-1824, 6 vol. in-4.

FINLAY DUN. — *Orain na'h Albain.* Edinburgh, 1848, in-fol.

FRASER (S.). — *Airs and Melodies peculiar to the Highlands, etc.* Edinburgh, 1816, réédition en 1874.

MAC BEAN (LACHLAN). — *The Songs of the Gael, a Collection of Gaelic Songs, with translations.* Edinburgh [1885], in-4.

GRAHAM (FARQUHAR). — *The Popular Songs and Melodies of Scotland.* Glasgow, 1887, gr in-8.

FIONN. — *The Celtic Lyre, a Collection of Gaelic Songs.* Edinburgh, 1888.

MOFFAT (A.). — *Minstrelsy of Scotland,* 200 Songs. London, Augener, 1896

MAC BEAN (LACHLAN). — *The Songs and Hymns of the Gael, with translations and music.* 1900, in-4.

LAWSON (MALCOLM). — *Songs of the North* (Scotland). London, Cramer and Co

PITTMAN (J.) et BROWN (COLIN). — *The Songs of Scotland.* London, Boosey 2 vol. in-8, s. d.

IV. — Chansons populaires dans les dialectes germaniques.

Nous distinguons deux groupes dans ces dialectes :

1° Le germanique septentrional, qui rassemblera les mélodies populaires du Danemark, de la Suède et de la Norvège.

Un important recueil concerne à la fois ces trois pays : c'est celui de

BERGGREEN (A.-P.). — *Folkesange og melodier, faedrelandske og fremmede, samlede og udsatte for pianoforte af A.-P. Berggreen.* Kjobenhavn, Reitzel, 1860.

Chansons et mélodies populaires, danoises et étrangères, recueillies et adaptées au piano par A.-P. Berggreen. Le tome I de ce recueil est consacré au Danemark, le tome II à la Norvège et le tome III à la Suède. Le tome XI contient des additions aux volumes I, II et III.

A citer comme recueils spéciaux :

A. — DANEMARK.

ABRAHAMSON. — *Udvalgte Danske Viser fra Middelalderen.* Kjobenhavn, 1812-1814.

80 mélodies.

NYERUP RASMUSSEN. — *Udvalg af danske Viser.* 1821, 2 vol.

Suite au recueil d'Abrahamson.

KRISTENSEN (EVALD TANG). — *Gamle Jyske Folkeviser, samlede af Folkemunde isaer i Hammerum-Herred* Kjobenhavn, 1876.

Vieilles chansons populaires jutlandaises, recueillies par Evald Tang Kristensen et publiées sous les auspices de la SOCIÉTÉ HISTORIQUE ET TOPOGRAPHIQUE JUTLANDAISE

Voir BERGGREEN.

B. — SUÈDE.

GEIJER et AFZELIUS — *Svenska Folk-Visor fran forntiden.* Stockholm, 1814-1816. Réédition en 1880 par R. Bergström et L. Hoijer, 3 volumes.

Chansons populaires suédoises du temps passé.

ARWIDSON. — *Svenska Fornsangar.* Stockholm, 1834-1842.

AHLSTRÖM (J.-N.). — *220 Svenska folkdanser arr. for piano.* Stockholm, Rylander, s. d.

Danses populaires suédoises.

AHLSTROM (J.-N.). — *300 Svenska folkvisor för 1 röst med piano.* Stockholm, Huldberg, s. d.

Chansons populaires suédoises pour une voix avec accompagnement de piano.

AHLSTRÖM (J.-N.) et BOMAN. — *Valda svenska folksangar, folkdanser och folklekar.* Stockholm, Hirsch, s. d.

Chansons populaires suédoises, danses et divertissements.

BAGGE (J.) — *73 Polskor fran Gottland.* Stockholm, Bagge, s. d.

Polkas du Gottland. On sait que le Gottland est une île de la Baltique en face de la province de Kalmar.

DYBECK (R.). — *Svenska vallvisor och hornlatar.* Stockholm, 1846.

Chansons suédoises de bergers et appels de cor.

DYBECK (R.). — *Svenska Visor.* Stockholm, Rylander, s. d.

BOHLIN (KARL). — *Folktoner fran Jamtland.* Stockholm, 1883, in-8.

Recueil d'airs populaires de l'Iamtland. L'Iamtland est un län de la Suède centrale, touchant à la Norvège à l'ouest.

Rosenberg (A.-J.). — *100 Svenska danspolskor*. Stockholm, 1882.

100 Polkas suédoises dansées.

Lagus (E.). — *Nylandska Folkvisor*. Helsingfors, 1887-1893. 2 vol. in-8.

Chants populaires des Suédois du Nyland. Excellent recueil.

Carlheim Gyllenskiöld (V.) — *Visor och Melodier* Stockholm, Samson et Wallin, 1892, in-8.

Chansons et mélodies populaires suédoises.

Voir Berggreen (A.-P.).

C. — NORVÈGE

Ahlström. — *Nordiska Folk-Visor med piano*. Stockholm.

Lindeman. — *Aeldre og nyere Norske Fjeldmelodier*. Christiania, s. d., in-fol.

Landstad. — *Norske folkeviser samlede og udgivne af Landstad*. Christiania, 1852-1853.

A la suite de cet important recueil, on consultera un appendice musical de Lindeman.

Voir Berggreen (A.-P.).

2° — Le germanique occidental, très complexe et sans unité.

Nous donnerons en première ligne les recueils de mélodies populaires chantées dans les différents pays de l'Allemagne et dans les provinces qui sont politiquement rattachées aujourd'hui à l'Autriche.

Comme recueils généraux intéressant l'Allemagne, il faut citer tout d'abord le précieux volume de

Boehme (Franz). — *Alt deutsches Liederbuch*. Leipzig, 1877.

Ouvrage fondamental pour la connaissance de l'ancien *lied* allemand.

Busching et V. der Hagen. — *Sammlung deutscher Volkslieder*. Berlin, 1807.

Silcher (Friedrich). — *Deutsche Volkslieder*. Gubingen, 12 Hefte, 1827-1840.

Kretzschmer (A.) et Zuccalmaglio. — *Deutsche Volkslieder*. Berlin, 1838-1844.

Reinhold (G.). — *Vollständiges Melodienbuch oder Sammlung der Melodien zu den bekanntesten deutschen Volksliedern* Leipzig, 1842.

Fink (G.-W.). — *Musikalischer Hausschatz der Deutschen. Eine Sammlung von 1000 Liedern mit Singweisen für Pianoforte*. Leipzig, 1843.

Irmer (Wilhelm). — *Die deutschen Volkslieder mit ihren Singweisen*. Berlin, 1842.

Erk (L.) et Boehme (F.-M.). — *Deutscher Liederhort*. Leipzig, 1893-1895, 3 vol.

Refonte par Boehme de la publication de Erk, parue sous le même titre en 1856, véritable encyclopédie du *lied* allemand ; il y a en tête une bibliographie excellente.

Voici maintenant quelques recueils spéciaux aux différents pays de l'Allemagne.

Kohler (Carl). — *Volkslieder von der Mosel und Saar. Band I.* Halle, Niemeyer, 1896, in-16.

Weckerlin (J.-B.). — *Chansons populaires de l'Alsace*. Paris, 1883, 2 vol.

Ditfurth. — *Frankische Volkslieder*. Leipzig, 1855.

Beiker (Karl). — *Rheinischer Volksliederborn*. Neuwied am Rhein, 1892.

Bender (Augusta). — *Oberschefflenzer Volkslieder und volkstümliche Gesänge. Niederschrift der Weisen von Dr J. Pommer*. Karlsruhe, Pillmeyer, 1902.

Reifferscheid (A.). — *Westfalische Volkslieder in Wort und Weise*. Heilbronn. 1874.

Fallersleben (Hoffmann von) et Richter. — *Schlesische Volkslieder*. Leipzig, 1842.

Kobell — *Oberbayerische Lieder*. Munch, 1860, in-8.

Meier (Ernst). — *Schwabische Volkslieder mit 31 ausgewählten Melodien*. Berlin, 1855.

Lewalter (J.). — *Deutsche Volkslieder aus Niederhessen*. Cassel, 1890-92.

Wolfram (Ernst-H.). — *Nassauische Volkslieder*. Berlin, 1894, in-8.

Bonne bibliographie pour l'Allemagne.

Parisius (Ludolf) — *Deutsche Volkslieder..... in der Altmark und in Magdeburgischen aus Volksmunde gesammelt*. Magdeburg, 1879.

Abele (Hyac.) et Hartmann (A.). — *Volkslieder in Bayern, Tirol und Land Salzburg* Leipzig, 1884, in-8.

Nous arrivons aux recueils concernant l'Autriche.

Spaun (A. von). — *Die österreichischen Volksweisen dargestellt in einer Auswahl von Liedern, Tanzen und Alpenmelodien*. Wien, 1845.

Tschischka et Schottky. — *Osterreichische Volkslieder mit Singweisen*. Pest, 1844.

Süss (Maria-Vincenz) — *Salzburgische Volkslieder*. Salzburg, 1865.

Schuster (Frid.-Wilhelm). — *Siebenburgisch-Sächsische Volkslieder, Sprichworter, Rathsel, Zauberformeln und Kinder-Dichtungen*. Hermannstadt, 1865, in-8.

Ce tres curieux recueil est relatif au folk-lore des Allemands de Transylvanie. Il faut se mettre en garde contre une confusion possible. Nous sommes en presence non point de Saxons établis en Transylvanie, mais de colons qu'au douzieme siecle les rois de Hongrie avaient fait venir des pays bas-rhénans pour les installer sur les bords de la riviere Sibin, dont le nom est conserve dans le nom roumain de la ville de Sibiu, en magyar Nagyszeben, en allemand Hermannstadt. La confusion, qui a donne la forme Siebenburgen, remonte au moyen age, ou dans les textes latins on trouve deja *Septem Castra*. Nous avons donc affaire ici a des textes en dialecte bas rhenan.

Rosegger et Heuberger. — *Volkslieder aus Steiermark*. Pest, 1872.

Schlossar (Anton). — *Deutsche Volkslieder aus Steiermark*. Innsbruck, 1881.

Kremser (Eduard). — *Aus den Alpen*. Wien, s. d. in-8.

Chansons populaires des Alpes Autrichiennes.

Koschat (Thomas). — *Chants en dialecte carinthien*. Wien, s. d., in-8.

Neckheim (Hans). — *222 Echte Kaerntnerlieder*. Wien, 1er Auflage, 1891; 2e Auflage, 1895; 3e Auflage, 1902.

Pommer (Dr Jos.). — *Volksmusik der deutschen Steiermark. 444 Jodler und Juchezer aus Steiermark und dem steirisch-oesterreichischen Grenzgebiete*. Wien. 1901

John (A.). — *Egerlaender Volkslieder. Herausgegeben vom Verein fur Egerlaender Volkskunde*. Eger. Heft I, 1898; Heft 2, 1901.

Hruschka (A.). — *Deutsche Volkslieder aus Böhmen* Prag, 1891.

La Suisse allemande doit suivre dans notre cadre de classement la condition des provinces allemandes.

KUHN et WYSZ. — *Sammlung von Schweizer-Kühreihen und Volksliedern.* Bern, 1818. Autre édition en 1826.

Schweizer Liederbuch. Eine Sammlung von 352 Liedern, Kühreihen und Volksliedern. Aarau, 1833.

Schweizerische Volkslieder für Männerstimmen. St-Gallen, 1844.

Der Schweizersaenger. Eine Sammlung der schoensten und beliebsten aelteren und neuen Lieder mit Angabe der Singweisen. Luzen, 1883, in-32.

KOELLA. — *Chansonnier suisse.* Zurich, 1882, in-8

Le bas allemand est aujourd'hui représenté par le néerlandais ou flamand M. Florimond van Duyse, de Gand, a publié et publie encore de très beaux travaux sur la chanson flamande; mais ses livres, comme *Dit is een sunverlijck Bœcxken inhondende oude Nederlandsche geestelijke Liederen* (Gent, 1899) ou 6 *Oude Nederlandsche Liederen* (Gent, s. d.), comme la grande publication en cours d'impression, *Het oude nederlandsche lied* (Antwerpen, in-4) ont plutôt un caractère rétrospectif.

Citons encore :

WILLEMS. — *Oude vlaemsche Liederen.* Gent, 1848.

COUSSEMAKER (E. DE). — *Chants populaires des Flamands de France.* Gent, 1856.

Important recueil déjà cité à la bibliographie de la chanson française (*Revue musicale*, 15 déc. 1904.)

LOOTENS (A.)-FEYS (J.-M.) — *Chants populaires flamands recueillis à Bruges.* Bruges, 1879.

BOLS (JAN) — *Honderd oude Vlaamsche Liederen met woorden en zangwijzen.* Namen, Wesmael Charlier, 1897, in-8.

Cent chansons populaires recueillies par M. l'abbé Bols dans la partie flamande du Brabant et le sud de la province d'Anvers. Ouvrage soigné sous tous les rapports : le savant musicologue Fl. Van Duyse a collaboré à la partie musicale du livre.

L'anglo-saxon, la langue des envahisseurs et des conquérants de la Grande-Bretagne au VIe siècle, est devenu l'anglais moderne, et c'est ici que nous pouvons faire mention des recueils suivants :

CHAPPELL (W.). — *Popular Music of the Olden Time, a Collection of Ancien Songs, Ballads.* London, s d., in-8. Nouvelle édition par Wooldridge, 1893

L'ouvrage de W. Chappell est considérable : c'est une publication qu'on ne saurait s'abstenir de consulter dans une étude sérieuse sur la chanson populaire en Angleterre.

GOULD (WARING) et SHEPPARD (Rév. FLEETWOOD). — *Songs and Ballads of the West, a Collection made from the mouths of the people.* London (s. d.), 3 vol. in-8.

Mélodies des provinces du Devon et de Cornouailles.

HATTON et EATON FANING. — *The Songs of England.* London, Boosey, 3 vol. in-8, s. d.

Recueil important, mais qui, à côté d'un petit nombre de pieces véritablement populaires renferme surtout des melodies de compositeurs anglais ayant vecu dans les trois derniers siecles

KIDSON (FRANK) — *Traditional Tunes, a Collection of Ballads, Airs, chiefly obtained in Yorkshire and the South of Scotland.* Oxford, 1891.

BROADWOOD (LUCY). — *English County Songs*. London, 1893.

GOULD (BARING). — *English Minstrelsie*. Edinburgh, 1895, 8 vol.

SOMERVELL (ARTHUR). — *Songs of the Four Nations, a Collection of old Songs of the People of England, Scotland, Ireland and Wales*. London, 1892, in-4.

CHILD (J.-F.). — *The English and Scottish Popular Ballads*. Boston, 1882-1897, 10 vol. in-4.

Admirable recueil ; malheureusement la partie musicale y est peu considérable.

MOFFAT (A.). — *Minstrelsy of England, 200 Songs*. London, Bayley and Ferguson, 1901.

SHARP (C.-J.) et MARSON (C.-L.). — *Folk Songs from Somerset, with Pianoforte Accompaniment and Notes*. London, Simpkin, 1905, in-8.

V. — Chansons populaires letto-lituaniennes.

La Lituanie tient dans le folk-lore une place importante. Les recueils de chansons populaires lituaniennes sont d'un haut intérêt : nous ne saurions trop insister sur la valeur de celui de Juszkiewicz.

NESSELMANN. — *Littauische Volkslieder gesammelt, kritisch bearbeitet und metrisch übersetzt*. Berlin, Duemler, 1853.

ULMANN (KARL). — *Lettische Volkslieder, übertragen im Versmass der Originale*. Riga. H. Brutzer, 1874, in-8.

KURSCHAT (FRIEDRICH). — *Grammatik der litauischen Sprache*. Halle, 1876.

Cet ouvrage contient un supplement de vingt cinq mélodies populaires.

KOLBERG (OSCAR). — *Piesni ludu litewskiego*. Krakow, 1879.

REINFELD (JOH.) — *Baltische Liederkrantz*. Revel, 1886.

BARTSCH (CHRISTIAN). — *Dainu Balsai. Melodien litauischer Volkslieder*. Heidelberg, 1886, in 8.

NAST (LOUIS). — *Die Volkslieder der Litauer*. Tilsit, 1893.

JURJAN. — *Latvju tautas Muzika Materiali*. Riga, 1895, in-8.

Matériaux pour la musique populaire latavienne.

JUSZKIEWICZ. — *Mélodies populaires lituaniennes, recueillies par Juszkiewicz, revues par O. Kolberg et Kopernick et en dernier lieu rédigées et publiées par Z. Noskowski et Baudoin de Courtenay*, I. Krakow, 1900, in-4.

Ouvrage fondamental.

ZÖLLNER (HEINRICH). — *Lettische Volkslieder*, *op*. 58. Leipzig, Kistner, s. d.

VI. — Chansons populaires slaves.

Nous sommes ici en présence d'un trésor mélodique infiniment nombreux et varié Au point de vue de la musicologie comparée, un remarquable recueil, celui de Kuhacz, abonde en aperçus curieux. On y voit la prédominance du rythme libre dans la chanson populaire slave, attesté par un grand nombre d'exemples. Enfin nous remarquerons la multiplicité de recueils, ayant trait au folk-lore musical de l'Ukraine et de la Petite-Russie : l'inspiration populaire de ces pays est en effet prodigieusement féconde.

Avec les linguistes, nous distinguerons trois groupes (1) :

A. — Le premier est celui des Slaves du Sud. Il comprend tout d'abord l'élément macédonien et bulgare. Il existe des recueils de pièces populaires relevées en Macédoine, mais pas un seul de ceux qui nous sont passés par les mains ne contient de notations musicales. Nous sommes un peu mieux renseigné pour la Bulgarie, où nous pouvons citer :

STOIANOV et RATSCHOV. — *24 Chansons populaires notées*. Varna, 1887, in-8.

Très curieux recueil de chansons bulgares.

VASILEV (G.-P.). — *225 Chansons populaires bulgares*. Tirnovo, 1891, in-16.

STRAUSZ (ADOLF). — *Bulgarische Volksdichtungen, übersetzt von Adolf Strausz*. Wien und Leipzig, 1895, in-8.

En ce qui concerne la région serbo-croate, c'est-à-dire la Serbie, le Monténégro, la Dalmatie, la Bosnie et la Croatie, le pays de la *Guzla* et des *Guzlars*, ces rhapsodes errants de la Jougo-Slavie, nous avons un remarquable ouvrage :

KUHACZ (FR. S.). — *Chansons nationales des Slaves du Sud*. Agram, 1878-1881, 4 vol in-4°.

Recueil considérable — il ne contient pas moins de 1600 mélodies — et fait avec un grand sentiment de la chanson populaire.

Voir un travail préliminaire de Kuhacz au tome XXXVIII du *Rad Iugoslavenske academije Znanosti i umjetnosti*, recueil de l'Académie des Slaves du Sud, à Agram.

GEORGEWITCH (VLADIMIR-R.). — *Mélodies nationales serbes, recueillies et harmonisées*. Belgrade, 1896.

B. — L'élément russe est représenté par un certain nombre de recueils, parmi lesquels ceux de Balakirev et de Rimsky-Korsakov comptent dans les meilleurs. A noter que la SOCIÉTÉ IMPÉRIALE RUSSE DE GÉOGRAPHIE a pris l'initiative de publications de cet ordre. Citons donc par ordre chronologique de publication :

NOUVEAU CHANSONNIER RUSSE. Petersbourg, 1792.

« SUR LA RIVE », *chanson petit-russienne*. Moscou, 1794.

PRATCH (I.). — *Recueil de chansons populaires russes*. 1815.

C'est dans ce recueil que Beethoven a été chercher les thèmes russes dont il a fait emploi dans ses *Sonates* et ses *Quatuors*.

BARNETT (JOHN). — *Russian melodies*. London, 1820.

STANOWITCH (M.). — *Recueil de chants populaires russes*. 1834.

KASCHIN (DANIEL). — *Chansons populaires russes, recueillies et éditées pour chant et piano*. Moscou, Sellinnov, 1841.

KARPENKO. — *L'Alouette des champs de Kiev*. Petersbourg, 1852.

Album petit-Russien.

KARPENKO. — *Le Rossignol Wassilkovska de l'Oukraina de Kiev*. Petersbourg, 1864.

(1) Jusqu'à la fin de cette bibliographie, nous publierons en traduction française les titres des ouvrages cités.

EDLITCHKA, *Recueil de chants nationaux de la Petite-Russie, en deux suites.* Moscou, Jurgenson, s. d.

KOCIPINKIM (ANTOINE). — *Chansons populaires russes en Podolie, Ukraine et Petite-Russie.* 1862.

ZAÏTZEV (S.-A.). — *Recueil de chants populaires russes.* Petersbourg, 1865.

ROÏNOV (A.). — *Heimische Töne. Recueil de chants populaires.* Petersbourg, 1867.

LISSENKO (M.). — *Recueil de chants de l'Oukraina.* Petersbourg, 1868.

GOURILIEV (A.). — *Chants populaires russes choisis.* Moscou, Gutheil, 1868.

BERNARD (N.). — *Deuxième recueil de 125 chants populaires russes.* Petersbourg, 1869.

ROUBETZ (A.). — *Recueil de chants populaires de l'Oukraïna.* Petersbourg, 1872.

ROUBETZ (A.). — *216 chants populaires de l'Oukraina.* Moscou, 1872.

PROKOUNINE (K.) et TSCHAÏKOWSKY (P.). — *Chants populaires russes.* Moscou, 1873.

ATHANASSIEV (N.). — *64 chansons populaires russes.* Moscou, 2e éd., 1875.

WILBOA. — *25 chants russes et romances.* Moscou, 1875.

MAMONTOV (M.-A.). — *Chansons enfantines russes et petit-russiennes.* Moscou, 1875.

ROUBETZ (A.). — *160 chants populaires russes et petit-russiens.* Petersbourg, 1875.

RIMSKY-KORSAKOV. — *Chants nationaux russes.* Petersbourg, Bessel, 1877.
Recueil de 100 mélodies, avec accompagnements par l'auteur. Un bon nombre de ces mélodies sont empruntées aux recueils antérieurs.

MELGOUNOV. — *Les chansons russes, transcrites directement d'après l'interprétation populaire.* Moscou, 1879.

ARTEMOWSKY (G). — *55 Chants populaires de l'Oukraïna.* Kiev, 1883, in-8°.

MIKHAÏLOV (TH.) — *Chansonnier populaire de l'Oukraina.* Kharkov, 1887.

BALAKIREV (M.). — *Recueil de chants populaires russes, notés et harmonisés.* Leipzig, Belaïev, 1891.
Recueil de premier ordre, tant par le choix des mélodies que par le caractère des accompagnements. Il contient 40 chansons. La traduction française est de M. J. Sergennois.

LISSENKO (M.). — *Recueil de chants de l'Oukraïna. Cinquième fascicule.* Kiev, 1892.

EGOROV (J.-TH.). — *Recueil de chants pour chœurs de soldats.* Ekatherinoslav, 1893.

WILBOA. — *100 chansons russes avec accompagnement de piano.* Moscou, 1894.

ISTOMIN et DOUTCH. — *Les chants du peuple russe des gouvernements d'Arkhangelsk et d'Olonetz.* Petersbourg, 1894.

KLENOVSKII (N.). — *Recueil de chants populaires russes et étrangers.* Moscou, Jurgenson, 1894.
Chants russes, bulgares, polonais, lituaniens, géorgiens, sartes, etc

LVOV. — *Chants populaires russes.* Petersbourg, 1896.

PALTCHINOV (N.). — *Chants de paysans du village de Nicolaewsk, district de Mendelinsk, gouvernement d'Ouffa* (Oural). Moscou, 2e éd., 1896.

BALAKIREV (M.). — *30 chants populaires russes, harmonisés et transcrits pour piano à quatre mains.* Petersbourg, 1898.

Gemtchounov (Alex. et Wlad.). — *Les chants des cosaques de l'Oural.* Petersbourg, 1899.

Istomine et Liapounov. — *Chansons populaires russes, recueillies en 1893 dans les gouvernements de Vologda, Viatka et Kostroma.* Petersbourg, 1899.

Petrov (Alexis). — *50 chants populaires russes arrangés pour chœur mixte à l'usage des établissements scolaires.* Petersbourg, 1901.

Istomine et Nekrassov. — *50 chants du peuple russe recueillis en 1894, 1895, 1896 et 1897.* Petersbourg, 1901.

Istomine et Liapounov. — *35 chants du peuple russe recueillis en 1893.* Leipzig, s. d., in-8°.

Istomine et Nekrassov. — *35 chants populaires russes recueillis en 1894 et 1895, harmonisés par Anatole Liadov.* Leipzig, s. d., in-8°.

Liapounov (Serge). — *Russische Volkslieder, op.* 10. Petersbourg, Zimmermann, s d., in-8.

C. — Le groupe occidental est surtout représenté par l'élément polonais. Il existe un excellent répertoire bibliographique que nous tenons à signaler ici. On ne saurait étudier sérieusement la littérature populaire des Tchèques sans s'y reporter : c'est le livre du Dr C. Zibrt, *Tableau bibliographique des chants populaires tchèques,* publié à Prague en 1895. Nous nous contenterons ici de mentionner les ouvrages dont le caractère est plus particulièrement musicologique.

Susil (Frantisek). — *Moravské Národni Pisne.* Brünn, 1840. Nouvelle édition en 1860.

Haupt (L.) et Schmaler. — *Volkslieder der Wenden in der Ober und Nieder Lausitz.* Grimma, 1841.

Roger (Julius). — *Chansons polonaises de la Haute Silésie.* Breslau, 1863, in-8.

Recueil de chansons, contes, proverbes, usages nationaux slovaques, publiés par la Matica Slovenska. Vienne, 1870 et 1874, 2 vol.

Rare et curieux. La dissolution de la Matica Slovenska a arrêté la publication de ce recueil.

Kolberg (Oscar). — *Chansons du peuple polonais.* Warszawa, 1857, in-8.

Tres intéressant au point de vue musical.

Erben (Karel-Jaromir). — *Chansons tchèques populaires et refrains.* Prag, 1886, 2 vol.

Bartos (Fr.). — *Národni pisne moravské v nove nasbirané.* Brunn, 1889, in 8.

Kolberg (Oscar) — *La Mazovie.* Krakow, 1890, in-8.

La Mazovie, un des douze anciens palatinats de la Grande Pologne, forme aujourd'hui le nord du gouvernement de Varsovie. Le tome V de l'ouvrage d'O. Kolberg est consacré à la chanson populaire de cette province.

Gloger et Noskovski. — *Chants du peuple.* Krakovie. Propriété de l'auteur, 1892, in-8.

La partie musicale est l'œuvre de Zigmunt Noskovski. Les mélodies semblent correctement notées. On peut regretter que l'auteur ait cru devoir les accompagner au piano.

VII. — Chansons populaires arméniennes.

On est à bon droit frappé des similitudes profondes qui existent entre la chanson populaire arménienne et celle des autres nations européennes; de plus, ce petit peuple a eu une rare fécondité dans son folk-lore musical, attestée par les publications suivantes :

EGHIASARIAN (LÉON). — *Recueil de chants populaires arméniens.* Paris, Costallat, 1900.

BOYADJIAN (GALOUST). — *Chants populaires arméniens.* Paris, Demets, 1904.

Intéressant et fait avec grand soin.

TIGRANOV (NICOLAUS). — *Trans-Kaukasische Volkslieder und Tänze.* Alexandrapol, s. d.

Huit fascicules parus au cours de ces dernières années. Ce sont des arrangements pour piano de danses et de mélodies arméniennes, georgiennes, kurdes et persanes.

Nous donnerons comme annexe à ce paragraphe l'indication d'un recueil de chants kurdes, recueillis en terre arménienne. Il ne faut pas oublier que le dialecte kurde est rattaché aux autres langues indo-européennes.

KOMITAS KEVORKIAN. — *Mélodies kurdes* (au tome V des recueils ethnographiques d'Emine : *Épopée arméno-kurde,* publiée en arménien par S. Haikouni. Le texte kurde est transcrit en caractères arméniens). Moscou, 1904.

***

Une classification établie sur les divisions de la grammaire comparée des langues indo-européennes, ne permet point de constituer le cadre absolument complet d'une bibliographie de la chanson populaire en Europe. A côté des *aryens,* l'anthropologiste reconnaît les *anaryens.* Il y a de même dans le domaine de la linguistique des enclaves indépendantes de la grande famille indo-européenne. Ainsi les peuples de langue touranienne et finnoise constituent de vastes îlots : ce sont les Turcs, les Hongrois, les Finnois. Ainsi, les Basques et diverses populations du Caucase, tels les Géorgiens, sont encore des exceptions linguistiques, mais ils ont assez produit dans la mélodie populaire pour que nous n'ayons point le droit de les oublier ici.

Chansons populaires d'origine turque et finno-ougrienne.

Chez les Turcs d'Europe.

GUATELLI (CALLISTO). — *12 Arie nazionali e canti popolari orientali antichi e moderni.* Constantinopoli, s. d.

Deux séries d'airs turcs transcrits pour piano.

RYBAKOV. — *Musique et chants des musulmans de l'Oural.* Petersbourg, 1897.

Dans les *Mémoires de l'Académie impériale des sciences de Saint-Pétersbourg,* VIIIe série.

Il faut ici avouer l'extrême pauvreté de nos renseignements sur les chants populaires des Hongrois : nous la jugeons d'autant plus fâcheuse que la matière doit être plus riche. C'est une lacune qui sera, nous l'espérons, comblée dans le prochain remaniement de ce travail bibliographique.

MATRAY (G.). — *Magyar népdalok*. Pest, 1852, 2 vol.

KRIZA (JANOS). — *Vadrózsák*. Kolozsvár, 1863.

ARANY LASZLO és GYULAI PAL. — *Magyar népkoltési gyüjtemény*. Pest, 1872-82, 3 vol.

KALMANY (LAJOS). — *Koszoruk az Alfold vad virágaiból*. Arad, 1877-78, 2 vol.

KALMANY (LAJOS). — *Szeged népe*. Szeged, 1881, 1882, 1891, 3 vol.

GOLL (JANOS). — *Magyar nemzeti lant. 200 régi magyar népdal férfi négyesben*. Budapest, 1900.

Deux cents vieux chants populaires hongrois pour quatre voix d'hommes.

SEBESTYEN (GYULA). — *Regös énekek*. Budapest, 1902.

PALOTASY (GYULA). — 101 *Legszebb Magyar Nepdal*. Budapest, s. d., in-fol.

101 melodies populaires hongroises avec accompagnement de *zongora*. Tres caractéristiques.

Disons encore que nous ne saurions assurer si tous ces recueils, que nous n'avons pu personnellement consulter, renferment des mélodies notées ou s'ils sont faits à un point de vue exclusivement littéraire.

Chez les Finlandais et chez les Eskimo.

M. Ilmari Krohn a publié divers recueils de chansons populaires finlandaises Voici les plus récents :

KAJANUS (R.). — *Suomen Kansan Sävelmiä*. Helsingfors, 1888-1893, in-8.

KROHN (I.). — *Suomen Kansan Sävelmia* : I. *Hengellisia Sävelmiä*. II. *Laulusävelmiä*. Iyvaskylässä, 2 vol., 1898-1904.

Melodies du peuple finnois I. Mélodies religieuses II. Chansons.

La Société de littérature finnoise, à Helsingfors, se propose de publier bientôt les mélodies laponnes, *Lappalaisia joikusavelmiä*, dont 500 pièces déjà ont été recueillies.

STEIN (R.). — *Eskimo Music*. New-York, 1902.

THALBITZER (WILLIAM). — *A phonetical study of the Eskimo language a new collection of greenlandes songs and musik*. Copenhague, 1904, in-8.

Chez quelques autres peuples, non slaves, de Russie :

RUDSTCHENKO (J.). — *Chants populaires tchouvaques*. Kiev, 1874, in-8.

JANNSSEN (J.). — *Eesti Laulıko wisi-ramat. 120 uut lando-wisi*. Tartus, 1862, in-8.

WICHMANN (Y.). — *Woljakische Sprachproben. Band* I. *Lieder mit Melodien*. Helsingfors, 1873. in-8.

Chansons populaires basques.

MICHEL (FRANCISQUE). — *Le Pays basque, sa population, sa langue, ses mœurs, sa littérature et sa musique*. Paris, 1857.

VILLEHÉLIO (Mme DE LA). — *Souvenirs des Pyrénées. 12 airs basques*. S. l. n. d.

SALABERRY (J.-D.-J.). — *Chants populaires du pays basque, paroles et musique originales, recueillis et publiés avec traduction française.* Bayonne, 1870, gr. in-8.

VINSON (JULIEN). — *Le folk-lore du pays basque.* Paris, 1883.

SANTESTEBAN (J.-A.). — *Coleccion de Aires Vascongados arreglados para canto y piano.* San-Sebastian, s. d.

Il est curieux de remarquer que, sur 60 melodies, il y en a 28 dans un rythme à cinq temps.

BORDES (CHARLES) — *Cent chansons populaires basques, recueillies et notées au cours de sa mission par Charles Bordes... Textes basques revisés et traduits en français par le Dr J.-F. Larrieu.* Paris, Barillon (s. d.), in-4.

Dans les *Archives de la tradition basque.*

BORDES (CHARLES). — *Kantika espiritualak. 10 cantiques basques anciens en dialecte souletin... Textes basques revisés par le Dr J.-F. Larrieu.* Paris, aux bureaux de la « Schola Cantorum ». In-fol.

BORDES (CHARLES). — *Uskal Noelen Lilia. 12 Noels basques anciens.* Paris, aux bureaux de la « Schola Cantorum », 1897.

Chansons populaires du Caucase.

GROSDOV — *Chansons populaires des Mingréliens.* S. l. n. d.

KLINGHER. — *Chansons des Tschetschins,* 1850.

TSCHIKWASCHWILI. — *Salamouri* (Le Chalumeau). *Chants populaires [géorgiens] recueillis par Tschikwaschwili.* Tiflis, imprimerie Scharadzé, 1896, in-8 oblong.

KARGARETELLI. — *Chants populaires géorgiens recueillis et transcrits par Kargaretelli.* Tiflis, imprimerie Scharadzé, 1899, in-8.

Ces deux recueils sont proprement géorgiens et tres caractéristiques.

IPPOLITOV-YVANOV (M.-M.). — *Chanson populaire géorgienne avec supplément de douze mélodies et romances populaires géorgiennes.* Moscou, Kouchnerev, 1895.

***

Cette esquisse rapide ne fait qu'effleurer le sujet Non seulement nous n'avons pris en considération que les peuples d'Europe, non seulement nous avons écarté les articles de périodiques pour nous attacher seulement aux recueils proprement dits, mais il est encore de ces derniers que nous n'avons pas mentionnés parce que, ne les ayant pas entre les mains, nous n'avons pu savoir s'ils contenaient les mélodies notées ou s'ils étaient faits à un point de vue strictement littéraire.

C'est dire que par avance nous reconnaissons ce qu'il y a d'insuffisant dans une telle bibliographie et que nous serons très heureux des renseignements complémentaires et des critiques que l'on voudra bien nous faire parvenir. Nous en ferons notre profit.

APPENDICE I

LE CHANT POPULAIRE GÉORGIEN

La musique géorgienne, liturgique ou populaire, est un chapitre qu'aucun historien de l'art n'a encore songé à écrire. Et pourtant elle existe. Il y a, en des monastères perdus dans la montagne, d'anciens manuscrits, vieux de plus de huit siècles, qui nous attestent qu'alors l'Église géorgienne avait un chant liturgique en pleine floraison. Récemment, d'érudits patriotes ont patiemment recueilli, note à note, ce trésor musical des temps passés, et c'est encore aujourd'hui un charme rare d'entendre dans la campagne de Tiflis, à l'heure où le soleil se couche derrière la montagne, des chœurs de paysans qui chantent à trois ou quatre parties, avec autant de précision que le pourraient faire des artistes de métier.

Les Géorgiens ont un sens musical prodigieux. A vrai dire, leur technique, on le verra par les exemples que nous donnons plus loin, est aussi arriérée qu'au moyen âge l'était, en France, celle des *déchanteurs*. Mais il en résulte une impression étrange que le cadre grandiose des provinces géorgiennes, en plein Caucase, vient agrandir et renforcer. On est très loin de l'Occident, on est très loin de l'heure présente.

Nous savions qu'à Tiflis il y avait un prêtre géorgien réputé pour sa connaissance du chant liturgique de son Église, Wassili Kharbelov, alors aumônier de l'hôpital militaire. Les présentations furent rapidement menées, et quand ce brave homme apprit que notre but, en venant en Transcaucasie, était de nous instruire dans la musique arménienne, il n'eut plus qu'une pensée, celle de nous détourner vers la musique géorgienne Partout, au Caucase, Arméniens et Géorgiens sont rivaux, encore que ces deux races aient des aspirations bien dissemblables ; mais dans certaines régions, à Tiflis par exemple, leurs intérêts sont trop enchevêtrés pour qu'il en soit autrement. Bref, Wassili Kharbelov voulut faire dignement les choses et pensa commencer notre éducation musicale en nous offrant à déjeuner.

Or donc, par une belle après-midi de mai 1901, nous arrivons chez notre hôte sur le coup de quatre heures. On déjeune tard à Tiflis. Déjà les convives étaient réunis. Dans le salon du prêtre, en belle robe bleue, ses longs cheveux noirs bouclés couvrant ses épaules, se tenait la maîtresse de la maison, « Madame la prêtresse », avec ses deux filles. « Madame la prêtresse » est un type agréable de la beauté géorgienne. Comme les femmes de sa race, elle a une coiffure qui lui aplatit la tête et laisse retomber à droite et à gauche ses cheveux roulés en tire-bouchon. Elle porte un corsage de drap marron, légèrement décolleté en pointe.

Un voile de dentelle descend du haut de la tête jusqu'à mi-corps. Son air est doux et son accueil avenant.

L'invité de distinction était l'*épiscope* géorgien de Tiflis, Mgr Kurion, une jolie tête fine et aristocratique. Il y avait deux prêtres géorgiens, le conservateur du musée attenant à l'église Sainte-Sion, un jeune homme, que j'ai su depuis être grand collectionneur d'airs populaires géorgiens, et enfin Raphaël. Raphaël Isarlov a représenté les propriétaires géorgiens à l'Exposition universelle de 1900 : il représente aujourd'hui l'esprit parisien en Géorgie. Il est pétillant : ce fut lui qui nous traduisit tout ce qu'on dit et tout ce qu'on chanta, car ce déjeuner fut aussi bien un concert.

Les deux filles du prêtre, — l'une a dix-huit ans et l'autre quinze, — font le service. Il va sans dire que nous mangeons à la géorgienne. Après les *zakouski* obligatoires, circule un *ischtan*, un poisson de la Koura, qui est terriblement farci d'arêtes et qu'on nous sert bouilli aux herbes. A ce moment, Raphaël me pousse le coude. « Le prêtre, me dit-il, va chanter un hymne au bon Dieu. » Je pensai, à part moi, que c'était sans doute l'habitude ici de dire le *Benedicite* au second service et je pris un air sérieux.

Mais non, la voix de Wassili s'élève et module une longue phrase mélodique, puis le jeune homme, qui était à l'autre bout de la table, fait son entrée dans le chant et continue un surprenant contre-point sur la ligne déroulée par le prêtre, tandis qu'aussitôt le reste des assistants, c'est-à-dire les deux prêtres, l'*épiscope* et le conservateur, chantent à l'unisson, graves et impassibles, sans que bouge un trait de leur figure, une basse discrète. Et, quand l'hymne est fini, le prêtre lève son verre, plein de vin de Kakhétie, le choque contre le verre de l'*épiscope*, contre les nôtres ensuite, et propose de boire avant tout à la santé de Dieu, le maître tout-puissant.

Nous n'en sommes qu'au potage, une soupe à l'agneau. Raphaël me pousse une seconde fois le coude. Je pensai que cette fois on allait boire à la santé du tzar. Non, l'*épiscope* Kurion, avec une bonne grâce parfaite, porte un toast à la maîtresse de la maison, et le chœur commence un chant en l'honneur de « madame la prêtresse ». Sur les dernières notes chacun lève son verre et le vide d'un trait. Nous aussi. Un hachis de viande de mouton, roulé dans des feuilles de mûrier et servi dans de la crème aigre, est pour Raphaël l'occasion de porter un toast à l'*épiscope* : nous faisons retour vers un ensemble emprunté aux chants de l'Église. Nouveau verre de Kakhétie. On boit ensuite à la Géorgie : le chœur en chante les beautés sur un thème populaire.

Le prêtre boit à la santé de ses hôtes : je baisse les yeux et j'écoute. Raphaël m'explique que cette mélodie entraînante est traditionnellement conservée en Géorgie depuis le temps des Croisades! J'admire. On pense enfin à Raphaël : c'est pour vider un huitième ou neuvième verre et sans doute pour magnifier les services rendus en 1900 aux propriétaires géorgiens à l'Exposition universelle. Raphaël se fait tout modeste et me dit que le chant exécuté à son intention remonte aux anciens Égyptiens!!! C'est, en effet, une douce habitude des musicistes orientaux de chercher toujours à rattacher leur art aux Assyriens et aux Égyptiens.

Mais tout a une fin. On but encore au printemps, à la jeunesse géorgienne, et aux filles de notre hôte, à la France, — je crois qu'on oublia la Russie, — on porta en tout une quinzaine de toasts, on vida un nombre égal de verres de Kakhétie, et un dernier chœur accompagna le dernier dessert. Nous avions eu notre concert géorgien, quinze plats, quinze chants.

Il était temps que la série s'achevât : encore un coup, et nos faibles têtes d'Occidentaux n'auraient plus distingué les suites de quartes et de quintes, qui, au commencement du repas, nous causaient une si bizarre impression.

Cet art populaire est trop loin de nos habitudes musicales, de notre façon de penser, pour qu'une analyse en éveille le sentiment chez le lecteur. Mieux vaut en donner quelques exemples, que nous prenons dans un des recueils de chants géorgiens que nous avons achetés à Tiflis (1).

I

(n° 15) Berceuse.

Enfant épanoui, enfant de paysan, dors, je te chanterai dodo !
Qu'est-ce qui te fait dormir si doucement, si insouciamment ?
Sur le sein de ta mère tu as trouvé une douce place ;
Dors ! ma violette, dodo ! ma rose, dodo !
Sur mon sein tu mets ta petite main ;

Que la Vierge me permette de te voir, lorsque tu deviendras un homme !
Que l'esclavage avilissant te soit épargné !

№ 15 იავნანა.

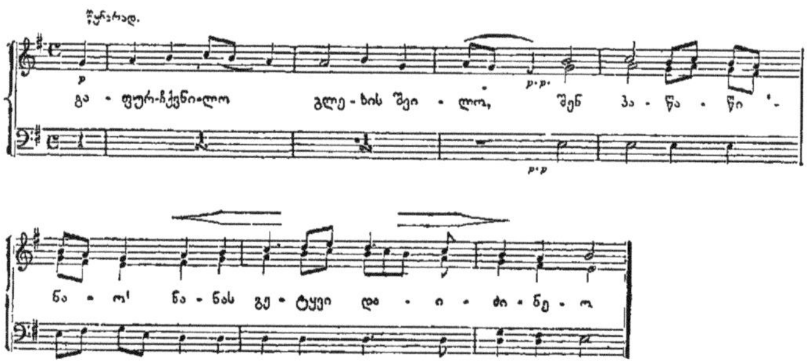

მაგრე ტკბილად, უდარდელათ რამ დაგაძინა!
დედის მკერდსა მიგიგნია შენ ტკბილი ბინა!
დაიძინე, იავ-ნანა, ვარდო ნანინა!
დაიძინე, გენაცვალოს შენი მშობელი;
ძუძუებში ჩაგიდვია პაწაწა ხელი;
შენს ვაჟ-კაცობას მომასწრებს მე ღვთის მშობელი!
აგცილდეს სხვისა მონობა დამამხობელი.

(1) Tschikwaschwili. — *Salamouri* (Le Chalumeau). *Chants populaires [géorgiens] recueillis par Tschikwaschwili.* Tiflis, 1896, in-8 oblong.

II

(n° 23) Chanson populaire.

La femme du diambek (1) était célèbre par sa beauté, quoique sa bru fût plus belle encore.

Elle sortait sur la terrasse de sa maison, s'asseyait, les jambes repliées sous elle, et de ses doigts de pieds jouait avec le tapis d'or. D'un œil elle me regardait et de l'autre elle regardait le diambek.

№ 23. დიამბეგის ქალს აქებენ (მონასტრულს კილოზედ).

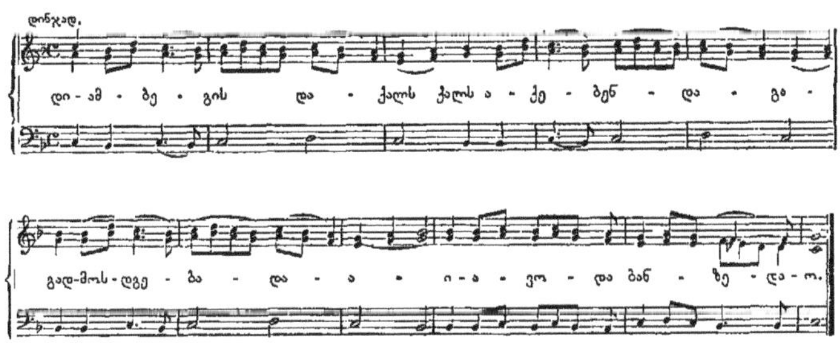

იმას იმის რძალი სჯობდა
ფეხს მოიდებს გვერდზედაო
ფეხის თითებს ათამაშებს
ოქროს ხალიჩაზედაო.
ცალი თვალი ჩემზედ დარჩა
ცალი დიამბეგზედაო

III

№ 32 „ბუბა ქაქუჩელა“ (სვანური)

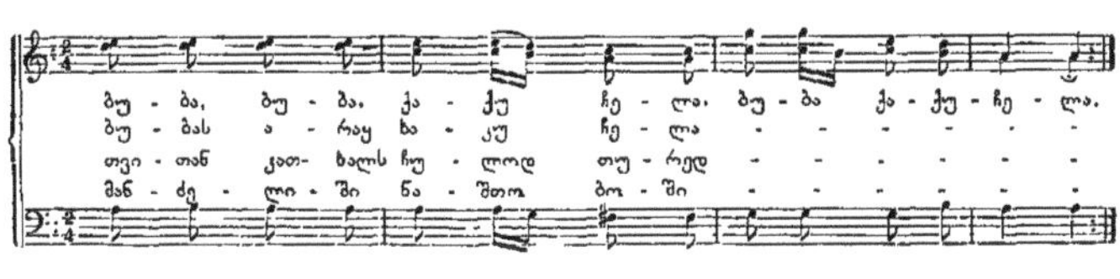

La dernière chanson étant en dialecte souaténien, il nous est impossible d'en donner une traduction.

(1) *Diambek*, haut fonctionnaire.

Ces exemples sont bien particuliers. Il y a là des caractéristiques, que nous n'avons guère rencontrées qu'en terre géorgienne.

Ajoutez à cela le cadre sauvage et grandiose du Caucase, les mœurs antiques de ces braves gens qui vous traitent en amis, dès qu'on se montre curieux de quelque chose chez eux : c'est assez pour accorder de l'intérêt au chant populaire géorgien, et si, d'aventure, tel de nos lecteurs, séduit par cette notice, se décide à tenter un voyage en cette terre bénie, où fleurissent à la fois le brigandage et la chanson, nous pouvons par avance lui prédire qu'il y aura peut-être chez les Ossètes, les Lesghiens, les Lazes, quelque montagnard malintentionné pour lui prendre sa bourse, ses bagages ou ses chevaux, mais qu'en revanche il gardera pour une précieuse moisson d'incomparables souvenirs.

APPENDICE II

COMPLÉMENT BIBLIOGRAPHIQUE

La mise en pages du précédent travail était déjà terminée, quand nous avons recueilli quelques indications nouvelles qui nous avaient précédemment échappé.

C'est ainsi que nous devons à l'obligeance de M. Hubert Pernot, professeur de grec moderne à l'École des Langues orientales vivantes, de connaître les ouvrages suivants :

Lampadarios. — *Collection de mélodies grecques.* Constantinople, 1842.

Vlachopoulos S. J.). — *Harmonia, ou Chants grecs et turcs avec notation musicale.* Constantinople, 1848, in-8.

Georgiadès (P.). — *Calliphonos Sirène. Collection de chants populaires des Grecs et des Turcs d'Europe.* Constantinople, 1859.

Nous les citons par curiosité, car ces recueils ne nous sont connus que par la mention qu'on en trouve dans le catalogue n° LXIII du libraire anglais David Nutt. Il en est de même de la brochure de :

Keibelès. — *Anthologie musicale.* Constantinople, 1873,

dont nous avons relevé la référence dans l'ouvrage de Pachtikos.

Nous n'aurions que peu de choses à ajouter en ce qui concerne les pays du domaine latin, si nous n'avions reçu de M. l'abbé Dupoux, le très savant musiciste, actuellement en résidence à Fribourg, une volumineuse bibliographie relative à la Suisse, considérée sous son triple aspect français germanique et latin. Mais, bien que centtrente-deux recueils nous aient été signalés par notre consciencieux correspondant, il ne nous semble pas que nous puissions glaner abondamment dans le nombre : ce sont surtout des chants pour les écoles, ou bien à l'usage des familles, ou encore destinés à des sociétés. Ceux de ces recueils que nous connaissons nous font suspecter le caractère populaire de ceux que nous n'avons pas eus entre les mains. On sait combien le gouvernement fédéral tend à développer le chant populaire, mais par là il faut entendre l'exécution d'œuvres modernes et savantes par les masses populaires. Ne nous abusons point. Le chant populaire, au sens que nous lui donnons, n'a qu'une faible représentation bibliographique. Nous ajouterons cependant pour la Suisse de langue française :

Chansons et coraules fribourgeoises. Les Chants du Rond d'Estavayer. Fribourg, 1894.

La Gruyère illustrée. Chants et coraules de la Gruyère. Leipzig, 1894 et années suivantes, 2 vol.

Cantiques et chants populaires connus, recueillis par un instituteur. Fribourg, 1897.

Chansonnier des Zofingiens de la Suisse romande. Lausanne. Sixième édition en 1894.

Nous citons ces quelques recueils sur la foi de leur titre et dans l'ignorance du contenu : la liste pourrait en être indéfiniment allongée. Plus intéressants, croyons-nous, doivent être les recueils publiés dans le canton des Grisons, où se parle un dialecte auquel les philologues assignent une existence indépendante dans la famille des langues romanes, le rhéto-roumain.

BUHLER (J.-A.). — *Canzuns a 4 vuchs per il chor mixt, vertidas e publicadas en lungatg rhäto-romousch.* Cuera (Coire), 1865. in-8.

BUHLER (J. A.). — *Collecziun de canzuns per chor mixt.* 1 fasç. Cuera, 1870, in-8.

HUNGEN (J.-ANT.). *Chansuns a 4 vuschs per il chant maschda*, 1re et 2e part, in 8, s. d.

Chanzunettas ad 1 e 2 vuschs per las scoulas d'Engiadin'ota. Coira, 1870, in-8.

On voit le déchet considérable que notre point de vue restreint entraîne dans une bibliographie de la musique suisse. Nous avons arbitrairement choisi quelques titres, en telle manière que le travail de M. l'abbé Dupoux reste à peu près intact et qu'il pourra le publier comme une œuvre intéressante en se plaçant au point de vue national helvétique, sinon à celui de la musique proprement populaire.

Signalons un complément, qui serait un fort beau sujet d'études bibliographiques, mais trop peu pratique dans les résultats pour que nous l'abordions ici. C'est l'énumération des recueils de chants populaires anglais, écossais et irlandais, publiés au XVIIe et au XVIIIe siècle. Leur nombre dépasse l'imagination. L'authenticité de leur contenu aurait besoin d'une critique sérieuse, mais fort difficile, très spéciale aussi, et c'est là une raison qui nous fait hésiter également à donner le résultat de nos dépouillements. Le travail toutefois nous a assez intéressé pour que nous soyons heureux de voir par la suite un autre que nous le mener à bonne fin.

Nous terminerons par quelques indications bibliographiques complémentaires relatives aux peuples slaves : nous les donnons par ordre alphabétique des noms d'auteur.

ARTEMOWSKI (G.). — *55 chants populaires de l'Ukraine, avec une introduction historique, littéraire et bibliographique.* Kiev, 1883, in-8.

DADJOUREK (B.). — *Pisne cernohorské.* Praze, 1890, in-8.

70 chants populaires de Monténégro.

DADJOUREK (B.). — *Pisne charvatské.* Praze, 1892, in-8.

64 chants populaires de Croatie.

DADJOUREK (B.). — *Pisne slovinske.* Praze, 1890, in-8.

Chants populaires slovenes.

Federowskij (F. M.). — *Ludokolic Zarek, Siewierza i Pilicy*, Warszawa, 1888-1889, 2 vol. in-8.

Francisci (J.). — *Travnice, 100 slovenskych narodnich pjesni*. Turocz Szt Marton, s. d , in-4°.

Mélodies slovaques.

Karadcicz (W.-St.). — *Narodna srpska pjesmarica*. Wien, 1815, in-8. Réédition en huit volumes, à Belgrade, 1891-1902.

Ce recueil considérable fait malheureusement une part infime aux mélodies populaires, qui n'occupent que quelques pages à la fin du dernier volume.

Kolberg (O.). — *Chelmskie. Obraz etnogaficzny*. Krakow, 1890-91, 2 vol in-8.

Le second volume contient environ 500 poésies populaires, dont un grand nombre avec leurs mélodies.

Mucke (K. E). — *Dodawk k ludowym pesniam*. Budysin, 1883, in-8.

Chants wendes de Lusace.

Spevy Slovenske. Vyd. Jan Francisci, O Halasa, J. Melicko, P. Mudron, A. Pietor, K. Ruppelt. Turocz Szt Marton, 1880-1893, in-4.

Mélodies populaires slovaques.

Nous ne prétendons point avoir épuisé la série, mais il nous semble bien que les principaux recueils de mélodies populaires ont ainsi paru à leur tour dans notre énumération.

TABLE DES MATIÈRES

Paris — Société française d'Imprimerie et de Librairie

www.ingramcontent.com/pod-product-compliance
Ingram Content Group UK Ltd.
Pitfield, Milton Keynes, MK11 3LW, UK
UKHW032020260826
14628UKWH00006B/2617

9 782019 715816